I0765932

Nathan Stone

L'INTELLIGENZA AMOROSA

**Come sviluppare facilmente
una comprensione emotiva e una
comunicazione efficace per costruire
una relazione amorosa sana e felice**

Edizioni BLACK & RED

*È meglio un nemico intelligente
che un partner amoroso stupido.*

Indice dei contenuti

Introduzione

Benvenuti in l'affascinante mondo dell'amore e in quello ancor più appassionante dell'intelligenza amorosa!

Abbiamo tutti esperienze diverse quando si tratta di relazioni amorose, ma c'è una cosa che abbiamo in comune: vogliamo tutti essere amati e felici. Tuttavia, ciò non è sempre facile. Le relazioni amorose sono una fantastica fonte di gioia, ma possono anche portare a sofferenza e confusione. La maggior parte di noi ha sperimentato questo amaro gusto della vita, parte del viaggio verso la felicità che si costruisce passo dopo passo, con i momenti felici, ma ancora di più attraverso fallimenti e delusioni.

Inoltre, se stai leggendo questo, significa che sei ora deciso a prendere in mano la tua vita e accelerare la costruzione della tua felicità! Perché questo libro potrebbe davvero cambiare tutto per te, svelandoti suggerimenti e tecniche efficaci per sviluppare una comprensione emotiva e una comunicazione efficace, al fine di costruire una relazione amorosa sana e felice. Sì, hai letto bene: è ora di smetterla di recitare la parte degli innamorati maldestri o delle fanciulle infatuate e diventare un vero maestro dell'amore!

In questo libro, sarai guidato attraverso le diverse dimensioni dell'intelligenza amorosa e imparerai come sviluppare le competenze chiave che ti aiuteranno a comprendere le tue emozioni e quelle del tuo partner, nonché a comunicare in modo efficace. Scoprirai anche come costruire una relazione amorosa sana e felice coltivando la fiducia, il rispetto reciproco e l'impegno, rafforzando l'intimità e la sessualità.

Nelle pagine a venire, scoprirai tecniche pratiche per migliorare la tua intelligenza emotiva, la tua comunicazione e la tua capacità di risolvere i conflitti in modo costruttivo. Imparerai anche come mantenere nel tempo una relazione amorosa sana e felice, evitando le trappole comuni che potrebbero metterla a rischio.

Insomma, che tu sia single, in coppia da poco o da molto tempo, questo libro ti aiuterà a sviluppare una solida intelligenza amorosa che ti consentirà di creare una relazione amorosa sana e felice.

E ora, immergiti con piacere e senza riserve in questo affascinante universo e lasciati guidare sulla strada dell'intelligenza amorosa: è più che mai il momento di diventare un vero campione dell'amore e costruire una vita amorosa appagante!

Parte I

Comprendere l'intelligenza amorosa

1. Che cos'è l'intelligenza amorosa?

a. Definizione dell'intelligenza amorosa

La definizione dell'intelligenza amorosa può variare secondo gli esperti, ma in generale si tratta della capacità di comprendere e gestire le proprie emozioni, così come quelle del proprio partner, all'interno di una relazione amorosa. L'intelligenza amorosa implica anche la capacità di comunicare efficacemente con il partner, risolvere i conflitti in modo costruttivo, creare una forte connessione emotiva e mantenere una relazione amorosa sana e felice.

Per sviluppare un'intelligenza amorosa, è necessario comprendere le diverse dimensioni che la compongono. Infatti, l'intelligenza amorosa non si limita solo alla comprensione emotiva e alla comunicazione efficace, ma include anche altre competenze come l'empatia, l'adattabilità, la tolleranza alla frustrazione, la capacità di dare e ricevere amore, la fiducia in se stessi e la resilienza di fronte alle prove.

È importante sottolineare che l'intelligenza amorosa è un processo in continua evoluzione. Può essere sviluppata e migliorata lungo tutto il corso della vita, a patto di dedicarvi tempo, energia e volontà. Infatti, come ogni competenza, l'intelligenza amorosa può essere rafforzata attraverso la pratica e l'esperienza.

Infine, è fondamentale sottolineare che l'intelligenza amorosa è essenziale per relazioni amorose appaganti e durature. Consente di comprendere meglio il proprio partner, risolvere i conflitti in modo costruttivo, comunicare in modo efficace e mantenere una relazione sana e felice. Sviluppando la propria intelligenza amorosa, è possibile migliorare la propria vita amorosa e favorire una relazione appagante e duratura con il proprio partner.

b. Le diverse dimensioni dell'intelligenza amorosa

Le diverse dimensioni dell'intelligenza amorosa sono molteplici e complesse. Infatti, questa non si limita a una singola competenza, ma è piuttosto un insieme di abilità che consentono di comprendere e gestire le relazioni amorose in modo efficace. Ecco alcune delle dimensioni chiave dell'intelligenza amorosa:

• Consapevolezza di sé: La consapevolezza di sé è la capacità di riconoscere le proprie emozioni, comprendere ciò che le scatena e gestirle in modo appropriato. Le persone con un'alta intelligenza amorosa sono consapevoli dei propri bisogni, limiti, valori ed emozioni, il che consente loro di comunicare e interagire meglio con il proprio partner.

• Gestione delle emozioni: La gestione delle emozioni è la capacità di regolare le proprie emozioni ed esprimerle in modo appropriato. Le persone con un'alta intelligenza amorosa possono identificare le proprie emozioni e gestirle in modo costruttivo, evitando reazioni impulsive e comportamenti dannosi.

• Empatia: L'empatia è la capacità di comprendere e sentire le emozioni degli altri. Le persone con un'alta intelligenza amorosa sono in grado di mettersi nei panni del proprio partner, comprendere le sue emozioni e rispondere in modo adeguato.

• Comunicazione efficace: La comunicazione efficace è la capacità di comunicare in modo chiaro e conciso, utilizzando competenze di ascolto attivo e risoluzione dei conflitti. Le persone con un'alta intelligenza amorosa sono in grado di comunicare in modo aperto, onesto e costruttivo, evitando malintesi e conflitti.

• Risoluzione dei problemi: La risoluzione dei problemi è la capacità di trovare soluzioni creative ai problemi che sorgono nella relazione amorosa. Le persone con un'alta intelligenza amorosa possono individuare soluzioni costruttive ai problemi, utilizzando la comunicazione efficace e collaborando con il proprio partner.

• Comprensione dei bisogni dell'altro: La comprensione dei bisogni dell'altro è la capacità di comprendere i bisogni e i desideri del proprio partner e rispondere a essi in modo appropriato. Le persone con un'alta intelligenza amorosa sono in grado di rispondere ai bisogni del proprio partner, mostrando attenzione e comprensione.

In sintesi, l'intelligenza amorosa è un insieme di competenze che consente di comprendere e gestire le relazioni amorose in modo efficace. Le diverse dimensioni dell'intelligenza amorosa sono complementari e interdipendenti, e una persona con un'alta intelligenza amorosa sarà in grado di integrarle in modo coerente nella propria vita amorosa.

c. L'importanza dell'intelligenza amorosa in una relazione amorosa

L'importanza dell'intelligenza amorosa in una relazione amorosa non può essere sopravvalutata. Infatti, l'intelligenza amorosa è essenziale per creare e mantenere una relazione amorosa sana e appagante.

Innanzitutto, l'intelligenza amorosa consente di comprendere meglio le proprie emozioni e quelle del proprio partner. Essere consapevoli delle proprie emozioni permette di gestirle meglio ed esprimerle in modo costruttivo nella relazione. Allo stesso modo, essere in grado di riconoscere le emozioni del proprio partner consente di rispondere meglio alle sue esigenze emotive ed evitare malintesi.

Inoltre, l'intelligenza amorosa favorisce una comunicazione efficace. Infatti, la capacità di comunicare in modo chiaro e costruttivo è essenziale per risolvere i conflitti, esprimere i propri bisogni e rafforzare la connessione emotiva nella relazione.

Infine, l'intelligenza amorosa consente di mantenere una relazione amorosa sana e felice nel lungo termine. Essere in grado di riconoscere i segnali di stress e tensione nella relazione consente di adottare le misure necessarie per evitare problemi più gravi. Allo stesso modo, mantenendo una forte connessione emotiva con il proprio partner, è possibile continuare a rafforzare la relazione nel corso del tempo.

Come appena evidenziato, l'intelligenza amorosa è quindi essenziale per comprendere le proprie emozioni e quelle del proprio partner, comunicare efficacemente, risolvere i conflitti e mantenere una relazione sana e felice nel lungo termine.

2. Le competenze chiave dell'intelligenza amorosa

a. La gestione delle emozioni

La gestione delle emozioni è una delle competenze chiave dell'intelligenza amorosa. In una relazione amorosa, è importante saper identificare, comprendere e gestire le proprie emozioni così come quelle del proprio partner. Questo implica la capacità di regolare le emozioni negative, esprimere i propri sentimenti in modo costruttivo e mantenere un equilibrio emotivo sano nella relazione.

La gestione delle emozioni implica anche la capacità di prendere distanza e concentrarsi su soluzioni positive anziché su emozioni negative. Questo può essere particolarmente utile nei momenti di stress o conflitto in una relazione amorosa.

Inoltre, la gestione delle emozioni contribuisce a migliorare la comunicazione e a ridurre i conflitti in una relazione amorosa. Sapere come regolare le proprie emozioni consente di comprendere meglio le emozioni del proprio partner, evitando malintesi o reazioni eccessive.

In una relazione amorosa sana e felice, la gestione

delle emozioni è quindi una competenza fondamentale che permette di mantenere un equilibrio emotivo positivo e di favorire una comunicazione sana ed efficace tra i partner. Le tecniche di gestione emotiva possono essere apprese e praticate per sviluppare un'intelligenza amorosa più elevata e rafforzare la salute emotiva della relazione amorosa.

b. La comunicazione efficace

La comunicazione efficace è una competenza chiave dell'intelligenza amorosa che consente di stabilire una relazione sana e armoniosa con il proprio partner. Consiste nel esprimere pensieri, sentimenti e bisogni in modo chiaro e nel ascoltare attivamente l'altra persona.

Per comunicare efficacemente in una relazione amorosa, è importante prendere in considerazione diversi elementi chiave. Innanzitutto, è cruciale scegliere il momento e il luogo giusto per avere una conversazione importante. Evitate momenti di stress o stanchezza e optate per un luogo tranquillo in cui poter focalizzare la vostra attenzione sulla conversazione.

Inoltre, assicuratevi che la comunicazione sia costruttiva e non critica. Utilizzate un linguaggio positivo e evitate accuse o critiche personali.

Esprimete invece i vostri bisogni e sentimenti in modo costruttivo, utilizzando il "io" al posto del "tu" per esprimere i vostri pensieri.

È anche fondamentale ascoltare attivamente l'altra persona e tener conto dei suoi sentimenti e bisogni. Dimostrate attenzione ponendo domande e ripetendo ciò che avete sentito per assicurarvi di aver compreso correttamente. Cercate di mettervi nei panni del vostro partner per comprendere meglio la sua prospettiva.

Infine, cercate quanto possibile di rimanere aperti e rispettare le opinioni e i sentimenti dell'altra persona, anche se non siete d'accordo. Siate disposti a fare compromessi e a lavorare insieme per trovare soluzioni reciprocamente soddisfacenti.

Una comunicazione efficace in una relazione amorosa aiuta a risolvere i problemi, a rafforzare la fiducia e a migliorare la comprensione reciproca. Migliorando questa competenza chiave dell'intelligenza amorosa, sarete in grado di costruire una relazione più sana e felice con il vostro partner. Ma avremo l'occasione di approfondire ulteriormente questo argomento.

c. L'empatia e la comprensione dell'altro

L'empatia e la comprensione dell'altro sono due

competenze chiave dell'intelligenza amorosa che sono essenziali per mantenere una relazione sana e armoniosa. L'empatia consiste nel mettersi nei panni dell'altro e nel percepire le sue emozioni, mentre la comprensione dell'altro implica la capacità di comprendere i bisogni, i desideri e le motivazioni del proprio partner.

L'empatia si rivelerà indispensabile per mantenere una connessione emotiva con il proprio partner. Essere empatici consente di comprendere meglio le emozioni dell'altro e di mostrare che ci si preoccupa dei suoi sentimenti. Ciò aiuta a evitare conflitti e a risolvere i problemi attraverso la comunicazione. Ad esempio, se il vostro partner è stressato da una situazione lavorativa, l'empatia vi consentirà di fornire un sostegno emotivo e di trovare soluzioni insieme.

La comprensione dell'altro è altrettanto cruciale per stabilire una relazione duratura e appagante. Essere in grado di comprendere i bisogni e i desideri del proprio partner consente di rispondere meglio alle sue aspettative e di fornire supporto nella vita quotidiana. Ciò contribuisce anche a rafforzare la fiducia e la sicurezza nella relazione. Ad esempio, se il vostro partner esprime la necessità di essere sostenuto in un progetto personale, la comprensione dei suoi obiettivi vi permetterà di aiutarlo in modo più efficace e di rafforzare la vostra connessione emotiva.

Queste competenze saranno migliorate imparando ad essere più attenti ai segnali verbali e non verbali dell'altro, ponendo domande per comprendere meglio i suoi pensieri e ascoltando attentamente le sue risposte. Inoltre, essere consapevoli delle proprie emozioni e dei propri bisogni aiuterà a comprendere meglio le emozioni e i bisogni del proprio partner. Praticando regolarmente l'empatia e la comprensione dell'altro, si rafforzerà la qualità della relazione e si manterrà una connessione emotiva sana e appagante.

3. Perché l'intelligenza amorosa è importante nelle relazioni amorose?

a. I vantaggi dell'intelligenza amorosa in una relazione amorosa

L'intelligenza amorosa si rivela indispensabile per lo sviluppo e il mantenimento di una relazione amorosa sana e duratura. Ecco alcuni dei vantaggi che l'intelligenza amorosa può apportare in una relazione amorosa:

• Comunicazione più efficace: l'intelligenza amorosa permette di comprendere meglio le emozioni e i bisogni del proprio partner, facilitando una comunicazione più efficace. Le coppie che hanno una buona comunicazione hanno meno conflitti e sono più in grado di risolvere i problemi rapidamente.

• Migliore comprensione reciproca: l'empatia e la comprensione reciproca consentono di connettersi emotivamente con il proprio partner e di comprendere meglio i suoi sentimenti. Ciò contribuisce a rafforzare la relazione e a evitare malintesi.

• Gestione più sana dei conflitti: l'intelligenza amorosa permette di gestire meglio i conflitti e le divergenze che possono sorgere in una relazione amorosa. Le coppie con una buona intelligenza amorosa sono in grado di affrontare i conflitti senza ricorrere alla violenza o alla manipolazione.

• Relazione più appagante: le coppie con una buona intelligenza amorosa tendono a sentirsi più felici e soddisfatte della propria relazione. Comprendendo i bisogni emotivi del partner, sono in grado di rispondere a tali bisogni e mantenere una relazione appagante.

• Maggiore resilienza: le coppie con una buona intelligenza amorosa sono meglio attrezzate per affrontare le sfide e le difficoltà della vita insieme. Comprendendo le emozioni e i bisogni del partner, possono offrire un sostegno emotivo reciproco e sentirsi più sicuri nella loro relazione.

In sintesi, come ora sicuramente capite, l'intelligenza amorosa è essenziale per una relazione amorosa sana e felice: le coppie che possiedono queste competenze hanno maggiori probabilità di mantenere una relazione appagante e duratura nel lungo termine.

b. Le conseguenze della mancanza di intelligenza amorosa

La mancanza di intelligenza amorosa può avere conseguenze negative su una relazione amorosa. In primo luogo, può causare una comunicazione inefficace e malintesi, portando inevitabilmente a conflitti e dispute. Se uno dei partner ha difficoltà a comprendere le emozioni dell'altro, ciò genererà frustrazioni e incomprensioni, che possono alla fine portare a una rottura.

La mancanza di empatia può influire negativamente sulla relazione. Se uno dei partner non si preoccupa delle emozioni e dei sentimenti dell'altro, ciò causerà dolore e frustrazione. Allo stesso modo, se uno dei partner non riesce a regolare le proprie emozioni, ciò porterà a esplosioni emotive, rendendo difficile per l'altro partner gestire la situazione.

La mancanza di intelligenza amorosa può anche portare a una mancanza di fiducia nella relazione. Se uno dei partner non si sente capito o sostenuto emotivamente, ciò comporterà una perdita di fiducia nella relazione. Allo stesso modo, se uno dei partner non riesce a esprimere in modo chiaro ed efficace i propri bisogni ed emozioni, ciò comporterà una mancanza di fiducia.

Infine, la mancanza di intelligenza amorosa può portare a una stagnazione nella relazione. Se entrambi i partner non sono in grado di capirsi reciprocamente e di comunicare efficacemente, la relazione rischia di diventare noiosa e monotona. I conflitti irrisolti possono accumularsi, portando infine a una rottura.

In sintesi, la mancanza di intelligenza amorosa può avere conseguenze negative, addirittura disastrose, su una relazione amorosa: può portare a una comunicazione inefficace, a conflitti, a una perdita di fiducia nella relazione e, alla fine, alla rottura.

c. Le ragioni per cui l'intelligenza amorosa può essere difficile da sviluppare

Nonostante l'intelligenza amorosa sia una competenza essenziale nelle relazioni amorose, può essere a volte difficile da sviluppare per alcune persone. Ecco alcune possibili ragioni:

• Esperienze passate: le esperienze passate, come traumi, dolorose separazioni o relazioni tossiche, possono influenzare la capacità di una persona di sviluppare competenze di intelligenza amorosa. Queste esperienze lasciano cicatrici emotive che rendono difficile la fiducia in se stessi e la capacità di instaurare una relazione sana ed equilibrata.

• Educazione e cultura: il modo in cui una persona è stata educata può influenzare la sua capacità di sviluppare competenze di intelligenza amorosa. Alcune culture o educazioni presentano aspettative rigide riguardo ai ruoli di genere, alle relazioni interpersonali o alla comunicazione, limitando la comprensione e la pratica dell'intelligenza amorosa.

• Paura della vulnerabilità: l'intelligenza amorosa richiede spesso vulnerabilità, ovvero abbassare le difese e esprimere emozioni e bisogni. Per alcune persone, ciò può essere difficile poiché è percepito come debolezza o rischio di essere feriti. Di conseguenza, potrebbero tendere a chiudersi o a evitare relazioni amorose per evitare di mettersi in pericolo.

• Mancanza di pratica: come qualsiasi competenza, l'intelligenza amorosa richiede pratica e pazienza.

Alcune persone potrebbero non aver avuto l'opportunità di sviluppare queste competenze, sia a causa dell'assenza di modelli di ruoli positivi, di relazioni passate difficili o semplicemente per la mancanza di pratica in relazioni sane ed equilibrate.

In ogni caso, ricorda che lo sviluppo dell'intelligenza amorosa è un processo continuo e può essere coltivato nel tempo e con s'impegno. A volte può essere utile cercare risorse come terapie, libri o coach in relazioni amorose per aiutare nello sviluppo di queste competenze.

Parte II

Sviluppare una comprensione emotiva

1. Le basi dell'intelligenza emotiva

a. La definizione dell'intelligenza emotiva

L'intelligenza emotiva è un concetto sviluppato dallo psicologo americano Daniel Goleman negli anni '90. Si riferisce alla capacità di una persona di riconoscere, comprendere e gestire le proprie emozioni, così come quelle degli altri. Questa competenza implica anche la capacità di comunicare efficacemente con gli altri, risolvere i conflitti e mantenere relazioni sane e positive.

Secondo Goleman, l'intelligenza emotiva si basa su cinque competenze principali:

• Consapevolezza di sé: la capacità di riconoscere le proprie emozioni, impulsi e motivazioni e di esserne consapevoli. Questa competenza consente di comprendere meglio le proprie reazioni emotive, riconoscere le situazioni che le scatenano e gestirle in modo più efficace.

• Regolazione emotiva: la capacità di gestire le proprie emozioni in modo efficace ed esprimerle in modo appropriato. Questa competenza implica anche la capacità di mantenere uno stato emotivo positivo e gestire lo stress.

• Motivazione: la capacità di auto-motivarsi e perseverare nonostante gli ostacoli. Questa competenza implica anche la capacità di fissare obiettivi e lavorare in modo efficace per raggiungerli.

• Empatia: la capacità di comprendere le emozioni, i bisogni e le motivazioni degli altri. Questa competenza consente una migliore comunicazione con gli altri, la creazione di legami di fiducia e la risoluzione costruttiva dei conflitti.

• Competenze sociali: la capacità di comunicare efficacemente, collaborare con gli altri, risolvere i conflitti e mantenere relazioni positive. Questa competenza implica anche la capacità di guidare gli altri, influenzare gli altri e ispirare gli altri.

In breve, l'intelligenza emotiva è la capacità di riconoscere, comprendere e gestire le proprie emozioni, così come quelle degli altri. Include anche la capacità di comunicare efficacemente, risolvere i conflitti e mantenere relazioni sane e positive. Le competenze chiave dell'intelligenza emotiva sono la consapevolezza di sé, la regolazione emotiva, la motivazione, l'empatia e le competenze sociali.

b. Le diverse competenze legate all'intelligenza emotiva

L'intelligenza emotiva è composta da diverse competenze interdipendenti che consentono di comprendere e gestire le proprie emozioni, così come quelle degli altri. Le quattro competenze principali dell'intelligenza emotiva sono l'autoconsapevolezza, la gestione emotiva, l'empatia e le competenze sociali.

• L'autoconsapevolezza è la capacità di riconoscere e comprendere le proprie emozioni. Questa competenza implica una consapevolezza delle proprie emozioni, della loro intensità e del loro impatto sui pensieri e comportamenti. Permette di comprendere meglio le reazioni emotive e di regolarle.

• La gestione emotiva è la capacità di gestire le emozioni in modo costruttivo. Consente di affrontare lo stress e le situazioni difficili, risolvere problemi con efficacia e affrontare le sfide in modo proattivo. Include anche la capacità di regolare le emozioni in modo appropriato, evitando reazioni eccessive o inadeguate.

• L'empatia è la capacità di comprendere le emozioni e i sentimenti degli altri. Questa competenza implica la capacità di mettersi nei panni degli altri e di percepire il loro punto di vista. Aiuta a comprendere meglio gli altri, a comunicare in modo più efficace e a costruire relazioni più solide.

• Infine, le competenze sociali sono la capacità di interagire con gli altri in modo efficace. Queste includono la comunicazione, la collaborazione, la negoziazione e la risoluzione dei conflitti. Queste competenze consentono di creare relazioni positive e di lavorare in team in modo efficace.

Tutte queste competenze sono interdipendenti e si rafforzano reciprocamente. Una buona comprensione e gestione delle proprie emozioni contribuisce a comprendere meglio quelle degli altri, e viceversa. Allo stesso modo, una buona comunicazione e competenze sociali efficaci facilitano notevolmente la gestione delle emozioni e la regolazione delle reazioni emotive.

c. L'importanza dell'intelligenza emotiva in una relazione amorosa

L'intelligenza emotiva è estremamente importante in una relazione amorosa poiché consente ai partner di comprendere e gestire meglio le proprie emozioni, così come quelle del proprio partner. Ciò aiuta a prevenire conflitti inutili, a potenziare la comunicazione e a costruire una relazione più solida e intima.

Quando una persona è dotata di un'elevata intelligenza emotiva, è meglio attrezzata per gestire situazioni difficili e conflitti con il proprio partner. È in grado di riconoscere le proprie emozioni e quelle del partner, facilitando la comunicazione e evitando malintesi. È inoltre in grado di regolare le proprie emozioni, evitando comportamenti impulsivi o distruttivi.

Inoltre, l'intelligenza emotiva consente di sviluppare una maggiore empatia per il partner, rafforzando la comprensione reciproca e la connessione emotiva. Una persona capace di comprendere le emozioni del partner è più in grado di rispondere ai suoi bisogni emotivi e di costruire una relazione più soddisfacente e appagante.

In sintesi, l'intelligenza emotiva favorisce notevolmente la costruzione di una relazione più equilibrata, armoniosa e arricchente. Consente di comprendere meglio le proprie emozioni e quelle del partner, di comunicare in modo più efficace e di gestire meglio i conflitti. In una relazione amorosa, questo sarà la chiave del successo e della realizzazione reciproca.

2. Come migliorare la propria intelligenza emotiva

a. Gli esercizi per sviluppare l'intelligenza emotiva

Per migliorare la propria intelligenza emotiva, ci sono diversi esercizi che è consigliabile praticare regolarmente:

• Auto-osservazione: è importante prendersi il tempo per osservare le proprie emozioni e identificarle. A tale scopo, è possibile tenere un diario delle proprie emozioni e delle reazioni di fronte a diverse situazioni della vita quotidiana.

• Meditazione: la meditazione è una pratica che consente di concentrarsi sull'istante presente, di calmare la mente e di comprendere meglio le proprie emozioni. Meditando regolarmente, potrai sviluppare la capacità di identificare e gestire le tue emozioni.

• Pratica della gentilezza: la gentilezza consiste nell'adozione di un'attitudine positiva verso se stessi e gli altri. Per sviluppare questa competenza, è consigliabile prendersi il tempo di ascoltarsi, di parlare in modo positivo e di praticare la gratitudine.

• Gestione dello stress: lo stress ha un impatto

significativo sulle nostre emozioni e sulla nostra capacità di gestirle. Per gestire meglio lo stress, è possibile praticare tecniche di rilassamento come la respirazione profonda, lo yoga o la sofrologia.

• Empatia: per sviluppare l'empatia, è necessario cercare di mettersi nei panni degli altri e cercare di comprendere le loro emozioni. Per farlo, è possibile praticare esercizi di empatia come la presa di prospettiva o l'ascolto attivo.

Praticando regolarmente questi esercizi, è possibile migliorare facilmente la propria intelligenza emotiva e gestire meglio le emozioni, con un impatto positivo sulle relazioni amorose. Infatti, essendo in grado di comprendere e gestire meglio le proprie emozioni, si comunicherà in modo più efficace con il proprio partner e si svilupperà una relazione più armoniosa e appagante.

b. Gli ostacoli da superare per sviluppare l'intelligenza emotiva

Sebbene lo sviluppo dell'intelligenza emotiva sia estremamente vantaggioso per le relazioni amorose e per la vita in generale, ci sono diversi ostacoli da superare per raggiungere questo obiettivo. Ecco alcuni di essi:

• Resistenza al cambiamento: alcune persone sono riluttanti a modificare le proprie abitudini e ad uscire dalla propria zona di comfort. Lo sviluppo dell'intelligenza emotiva richiede di uscire dalla zona di comfort e di affrontare emozioni difficili, il che può essere difficile per alcune persone.

• Mancanza di tempo: molte persone hanno l'impressione di non avere abbastanza tempo per concentrarsi sullo sviluppo della propria intelligenza emotiva. Tuttavia, è importante tenere a mente che anche piccoli sforzi regolari hanno un impatto significativo.

• Mancanza di risorse: a volte può essere difficile trovare risorse per sviluppare l'intelligenza emotiva, come libri, corsi o coach. Tuttavia, esistono molte risorse online gratuite che possono essere utili.

• Mancanza di motivazione: alcune persone potrebbero non essere motivate a sviluppare la propria intelligenza emotiva se non vedono immediatamente i benefici o se non sono convinte che ne valga la pena. È importante tenere presente che lo sviluppo dell'intelligenza emotiva presenta vantaggi a lungo termine per le relazioni e la vita in generale.

Superando questi ostacoli, chiunque può sviluppare la propria intelligenza emotiva e migliorare le relazioni amorose e la vita in generale.

c. I vantaggi di un'elevata intelligenza emotiva

I vantaggi di un'elevata intelligenza emotiva sono numerosi e significativi, sia nella vita personale che professionale. In una relazione amorosa, un'alta intelligenza emotiva è molto benefica per la qualità della comunicazione e la risoluzione dei conflitti, ma anche per il benessere emotivo individuale e collettivo.

Uno dei vantaggi più evidenti è la capacità di comprendere e gestire le proprie emozioni. Le persone con un'elevata intelligenza emotiva sono più in grado di riconoscere i propri sentimenti e di comprendere il loro impatto sul comportamento. Ciò consente loro di regolare le emozioni per evitare reazioni impulsive e inappropriati. Individui con un'elevata intelligenza emotiva tendono anche ad essere più resilienti di fronte alle difficoltà emotive e a gestire meglio lo stress.

Inoltre, un'elevata intelligenza emotiva favorisce la comprensione delle emozioni degli altri. Le persone con un'elevata intelligenza emotiva tendono ad essere più empatiche e a comprendere meglio i sentimenti degli altri. Ciò aiuta a instaurare una comunicazione più profonda e autentica, rafforzando così le relazioni personali e amorose.

Un'altra competenza legata all'intelligenza emotiva è la capacità di risolvere i conflitti in modo efficace. Le persone con un'elevata intelligenza emotiva sono più inclini a comprendere i diversi punti di vista e a trovare soluzioni soddisfacenti per tutte le parti coinvolte. Ciò contribuisce a prevenire incomprensioni e dispute in una relazione amorosa.

Infine, un'elevata intelligenza emotiva sarà vantaggiosa anche in un contesto professionale. Le persone con un'elevata intelligenza emotiva sono spesso apprezzate per la loro capacità di comunicare in modo efficace, di lavorare in team e di risolvere i conflitti in modo costruttivo. Sono anche più adattabili ai cambiamenti e più qualificate nel gestire le relazioni con clienti e colleghi.

In sintesi, sviluppare la propria intelligenza emotiva porta numerosi vantaggi in diversi ambiti della vita, comprese le relazioni amorose: aiuta a comprendere meglio le proprie emozioni e quelle degli altri, a comunicare in modo più efficace, a risolvere i conflitti in modo costruttivo e a ottenere relazioni più sane e appaganti.

3. Come riconoscere e comprendere le emozioni degli altri

a. I segnali emotivi da considerare

Per essere in grado di comprendere le emozioni degli altri, è importante saper riconoscere i segnali emotivi. Le emozioni sono spesso espresse attraverso segnali non verbali come la postura, i gesti, il tono della voce e persino lo sguardo. Ecco alcuni segnali emotivi da prendere in considerazione:

• L'espressione facciale: il viso è spesso il primo indicatore dell'emozione percepita. Le espressioni facciali sono molto varie: un sorriso, una ruga sulla fronte, uno sguardo evasivo, ecc.

• La gestualità: i movimenti del corpo sono altrettanto rivelatori dello stato emotivo di una persona. Ad esempio, una persona nervosa si sfregherà le mani o le braccia, mentre una persona arrabbiata avrà gesti bruschi e aggressivi.

• Il tono della voce: anche il tono della voce rivela molto sullo stato emotivo di una persona. Ad esempio, una voce tremante indicherà ansia, mentre una voce forte e aggressiva indicherà rabbia.

• Il linguaggio del corpo: la posizione del corpo è un altro indicatore di emozioni. Ad esempio, una persona che si rannicchia su se stessa esprime tristezza o ansia, mentre una persona che si tiene eretta e fiero comunica fiducia in se stessa.

È importante notare che questi segnali emotivi possono variare in base alla cultura, all'età e alla personalità di ciascun individuo. Pertanto, è essenziale osservare attentamente i segnali emotivi di ciascuna persona individualmente e considerarli nel loro contesto.

Sviluppando la capacità di riconoscere questi segnali emotivi, si comprenderà meglio lo stato emotivo degli altri, facilitando la comunicazione e promuovendo la creazione di una relazione più empatica. Ciò consentirà anche di comprendere meglio i sentimenti degli altri, adattare il proprio comportamento di conseguenza e rispondere meglio ai loro bisogni emotivi.

b. Gli ostacoli al riconoscimento delle emozioni degli altri

Riconoscere e comprendere le emozioni degli altri rappresenta una sfida significativa per alcune persone. Ci sono diversi ostacoli che rendono difficile questa attività.

Innanzitutto, come visto in precedenza, le differenze culturali possono svolgere un ruolo importante nel riconoscimento delle emozioni. Le espressioni facciali, il tono della voce e i gesti variano infatti a seconda delle culture: ciò che è considerato un segno di tristezza in una cultura potrebbe essere percepito come rabbia in un'altra.

Pertanto, è necessario tenere conto delle differenze culturali durante il riconoscimento delle emozioni degli altri. Inoltre, gli stereotipi di genere possono rappresentare un altro ostacolo al riconoscimento delle emozioni: gli uomini sono spesso associati alla rabbia e alla frustrazione, mentre le donne sono associate alla tristezza e alla paura. Ciò può portare a errori di percezione e a una interpretazione errata delle emozioni.

Un altro ostacolo comune è la proiezione. Questa si verifica quando assumiamo che gli altri provano le stesse emozioni che proviamo noi in una determinata situazione. Ad esempio, se siamo arrabbiati, proiettiamo questa emozione sugli altri, anche se non sono necessariamente arrabbiati. Questa proiezione porterà a una cattiva interpretazione delle emozioni e inevitabilmente causerà fraintendimenti.

Infine, i pregiudizi e i bias influenzano anche il riconoscimento delle emozioni degli altri. Possiamo avere pregiudizi inconsci nei confronti di alcune persone o gruppi, il che ci porterà a interpretare le loro emozioni in modo distorto.

Ricorda, per concludere, che il riconoscimento e la comprensione delle emozioni degli altri non sono competenze innate, ma possono essere migliorate con la pratica e la consapevolezza. Essendo consapevoli di questi ostacoli, potrai lavorare per superarli e sviluppare la tua intelligenza emotiva.

c. Le strategie per migliorare la comprensione delle emozioni degli altri

Per migliorare la comprensione delle emozioni degli altri, è fondamentale concentrarsi sull'empatia e sulla comunicazione. Ecco alcune strategie utili per raggiungere questo obiettivo:

• Praticare l'empatia: l'empatia è la capacità di comprendere e condividere i sentimenti degli altri. Per migliorare questa competenza, è importante praticare l'empatia regolarmente. Ciò può avvenire immaginando come ci si sentirebbe se si fosse nella situazione dell'altra persona o ascoltando attentamente ciò che l'altra persona sta provando.

• Essere attenti ai segnali non verbali: i segnali non verbali, come le espressioni facciali, il linguaggio del corpo e il tono della voce, forniscono indizi sullo stato emotivo di una persona. Imparando a riconoscere e interpretare questi segnali, si migliorerà la comprensione delle emozioni degli altri.

• Praticare l'ascolto attivo: l'ascolto attivo consiste nel prestare attenzione a ciò che l'altra persona sta dicendo e nel fare domande per comprendere meglio i suoi sentimenti, evitando interruzioni e concentrandosi sui sentimenti dell'altra persona piuttosto che sulle proprie opinioni o reazioni.

• Evitare i giudizi: i giudizi sono dannosi per la comunicazione e la comprensione delle emozioni degli altri. Cerca di comprendere i sentimenti dell'altra persona senza giudicarli.

• Evitare gli stereotipi: gli stereotipi limitano la nostra comprensione delle emozioni degli altri assumendo che tutti i membri di un gruppo abbiano le stesse emozioni. Ricorda che ogni individuo è unico e presenta emozioni diverse.

Praticando queste strategie, migliorerai notevolmente la tua comprensione delle emozioni degli altri e, di conseguenza, anche le tue relazioni interpersonali.

Parte III

Comunicare efficacemente nelle relazioni amorose

1. Fondamenti di una comunicazione efficace

a. Elementi chiave di una comunicazione di successo

Una comunicazione efficace è fondamentale in ogni relazione amorosa sana e duratura. Permette di condividere i propri sentimenti, pensieri, preferenze, bisogni ed aspettative in modo chiaro e conciso, e di comprendere anche quelli del proprio partner. Gli elementi chiave di una comunicazione di successo includono:

• Ascolto attivo: per una comunicazione efficace, è essenziale ascoltare attivamente il proprio partner, ossia prestare attenzione a ciò che dice, comprenderlo e interpretarlo correttamente. Ciò implica anche mostrare empatia e comprensione verso i sentimenti e i pensieri dell'altro.

• Espressione di sé: per comunicare efficacemente, è altrettanto importante esprimere chiaramente i propri sentimenti, pensieri e bisogni senza giudicare o criticare l'altro. Si tratta di mostrare onestà e trasparenza nelle proprie comunicazioni.

• Chiarezza e concisione: una comunicazione di

successo deve essere chiara e concisa per evitare confusione o malintesi. Cerca di esprimerti in modo semplice e diretto, senza ambiguità, e chiarisci tutto ciò che potrebbe essere frainteso.

• Non violenza: la comunicazione non deve mai essere aggressiva, offensiva o minacciosa. La non violenza è fondamentale per mantenere una comunicazione sana e rispettosa in una relazione amorosa.

• Pazienza e tolleranza: idealmente, dovresti sempre essere paziente e tollerante nei confronti del tuo partner, specialmente quando le emozioni sono intense e la comunicazione è difficile. Evita di interrompere la comunicazione o lasciare problemi irrisolti, e continua piuttosto a lavorare insieme per migliorare la comunicazione e rafforzare la relazione.

In sintesi, una comunicazione di successo è essenziale in una relazione amorosa sana e duratura: permette di capire meglio il proprio partner, condividere sentimenti, pensieri e bisogni, e risolvere i conflitti in modo efficace. Gli elementi chiave di una comunicazione di successo includono l'ascolto attivo, l'espressione di sé, la chiarezza e la concisione, la non violenza, la pazienza e la tolleranza.

b. Gli ostacoli a una comunicazione efficace

In ogni comunicazione, esistono ostacoli che compromettono l'efficacia della trasmissione del messaggio. In una relazione amorosa, questi ostacoli possono essere particolarmente rilevanti, poiché la comunicazione è un elemento chiave della connessione emotiva tra i partner. Ecco i principali ostacoli a una comunicazione efficace nelle relazioni amorose:

• Emozioni intense: quando le emozioni sono molto forti, è difficile comunicare in modo chiaro e razionale. Le reazioni emotive diventano eccessive e impediscono la comprensione reciproca.

• Differenze di personalità: ogni persona ha il proprio modo di comunicare e di elaborare le informazioni. Le differenze di personalità possono rendere difficile la comunicazione se i partner non sono in grado di capire e rispettare gli stili di comunicazione dell'altro.

• Problemi irrisolti: i problemi irrisolti provocano un accumulo di tensione ed emozioni negative, rendendo difficile la comunicazione. I partner avranno quindi difficoltà a esprimere i propri sentimenti in modo chiaro e costruttivo.

• Discrepanze di percezione: ogni persona percepisce

il mondo in modo unico, in base alle proprie esperienze di vita e alla personalità. Queste differenze possono portare a malintesi e interpretazioni errate, compromettendo la comunicazione.

• Distrazioni esterne: lo stress sul lavoro, le preoccupazioni finanziarie o le questioni familiari sono distrazioni importanti che rendono difficile la comunicazione. I partner potrebbero essere preoccupati per questi fattori esterni e non essere in grado di concentrarsi sulla comunicazione.

• Problemi di salute mentale: i problemi di salute mentale come la depressione o l'ansia possono alterare la comunicazione. I sintomi di questi disturbi rendono molto difficile la comprensione e l'espressione delle emozioni.

• Problemi di comunicazione passati: se i partner hanno avuto problemi di comunicazione in passato, ciò comprometterà la loro capacità di comunicare efficacemente in futuro. Le esperienze passate creano infatti blocchi mentali ed emotivi che ostacolano la comunicazione costruttiva.

È importante riconoscere questi ostacoli per poterli superare e migliorare la comunicazione nella relazione amorosa. A tal fine, i partner devono lavorare insieme per superare questi ostacoli, adottando strategie come l'empatia, l'ascolto attivo e la risoluzione dei problemi. La comunicazione aperta, onesta e rispettosa è sempre la chiave per una relazione amorosa sana e felice.

c. Gli stili di comunicazione e i loro effetti sulla relazione amorosa

Come spiegato in precedenza, nella relazione amorosa, la comunicazione è un elemento chiave per mantenere una connessione emotiva ed evitare malintesi. È quindi importante comprendere i diversi stili di comunicazione e i loro effetti sulla relazione:

• Il primo stile di comunicazione è la comunicazione passiva: le persone che utilizzano questo stile tendono ad evitare i conflitti e a non esprimere apertamente i propri bisogni e sentimenti. Ciò porta a un accumulo di risentimenti e frustrazioni, che può portare alla rottura della relazione.

• Il secondo stile di comunicazione è la comunicazione aggressiva: le persone che utilizzano questo stile tendono ad essere dominanti e a imporre le proprie opinioni e necessità agli altri. Questo modo di operare creerà un ambiente di tensione e conflitto costante nella relazione, che può portare anch'esso a una rottura.

• Il terzo stile di comunicazione è la comunicazione passivo-aggressiva: le persone che utilizzano questo stile tendono a esprimere indirettamente i propri bisogni e sentimenti, spesso attraverso comportamenti passivo-aggressivi come l'ignoranza o il sarcasmo, rendendo la comunicazione difficile e causando malintesi nella relazione.

• L'ultimo stile di comunicazione è la comunicazione assertiva: le persone che utilizzano questo stile esprimono chiaramente i propri bisogni e sentimenti, rispettando allo stesso tempo le opinioni e i sentimenti degli altri. La comunicazione assertiva favorisce una comprensione reciproca e una risoluzione pacifica dei conflitti, rafforzando così la relazione amorosa.

Si noti che questi stili di comunicazione non sono fissi e le persone possono utilizzare stili diversi a seconda della situazione. È anche possibile sviluppare competenze di comunicazione assertiva per migliorare la comunicazione nella relazione amorosa.

In sintesi, la comunicazione è un elemento chiave di una relazione amorosa sana e appagante, e comprendere i diversi stili di comunicazione e i loro effetti sulla relazione aiuta notevolmente ad evitare conflitti e a mantenere una forte connessione emotiva. La comunicazione assertiva è lo stile più consigliato per favorire una comprensione reciproca e una risoluzione pacifica dei conflitti nella relazione amorosa.

2. Come migliorare la comunicazione nella tua relazione amorosa

a. Tecniche per una comunicazione efficace

Per migliorare la comunicazione in una relazione amorosa, esistono diverse tecniche e strategie efficaci. Ecco alcune di esse:

• Praticare l'ascolto attivo: sempre presente! Per comunicare in modo efficace, sforzatevi di ascoltare attivamente il vostro partner. Ciò significa prestare attenzione a ciò che dice, porre domande per chiarire eventuali punti oscuri e ripetere ciò che avete capito per assicurarvi di aver compreso il suo messaggio.

• Esprimere i propri sentimenti: le emozioni sono spesso difficili da esternare, ma è meglio esprimerle chiaramente al proprio partner per evitare confusione o malintesi. Ciò include sentimenti di tristezza, rabbia, gioia o qualsiasi altra emozione che si possa provare.

• Evitare le generalizzazioni: l'uso di generalizzazioni

come "non fai mai niente" o "sei sempre in ritardo" può causare malintesi e creare tensioni nella relazione. Sarà molto meglio attenersi ai fatti e descrivere comportamenti specifici che sono problematici.

• Utilizzare un linguaggio positivo: l'uso di un linguaggio positivo aiuta a migliorare la comunicazione mettendo l'accento su ciò che è auspicabile piuttosto che su ciò che non lo è. Ad esempio, anziché dire "Non voglio che tu sia in ritardo", direte "Apprezzerei se fossi puntuale".

• Evitare le accuse: le accuse provocano quasi sempre tensioni nel partner e lo mettono sulla difensiva. Provate piuttosto a esprimere le vostre preoccupazioni in modo costruttivo, concentrandovi su fatti e comportamenti specifici.

• Trovare soluzioni insieme: se si verifica un conflitto, è importante lavorare insieme per trovare una soluzione che soddisfi entrambi. Ciò implica la negoziazione di un compromesso o la ricerca di un terreno comune che soddisfi entrambe le parti.

• Prendersi il tempo per comunicare: prendetevi il tempo di comunicare regolarmente con il vostro partner, anche quando tutto va bene nella relazione. Ciò vi aiuterà a rafforzare la comunicazione e a evitare problemi futuri.

• Evitare le distrazioni: per comunicare in modo efficace, è necessario concentrarsi sulla discussione e evitare distrazioni come telefoni cellulari, televisione o altre attività che possono distogliere dalla conversazione.

Utilizzando queste tecniche e strategie, potrete migliorare notevolmente la comunicazione nella vostra relazione amorosa e rafforzare il legame con il vostro partner.

b. Le strategie per evitare fraintendimenti e conflitti

Lo abbiamo ripetuto molte volte, una comunicazione efficace è essenziale per mantenere una relazione amorosa sana e duratura. Tuttavia, è comune che si verifichino fraintendimenti, portando a conflitti e tensioni all'interno della coppia. Tuttavia, è possibile utilizzare delle strategie per evitare tali situazioni e favorire una comunicazione chiara e costruttiva.

• La prima strategia consiste nel praticare l'empatia e la comprensione reciproca: prenditi il tempo di ascoltare l'altra persona, riconoscere i suoi sentimenti e bisogni, e mostrare empatia per ciò che prova. Mettendoti nei panni dell'altro, puoi comprendere meglio le sue motivazioni e azioni, contribuendo a risolvere i fraintendimenti prima che si trasformino in conflitti.

• La seconda strategia è quella di chiarire i fraintendimenti non appena si verificano: non lasciare che i sentimenti di frustrazione o irritazione si accumulino, poiché ciò porterà prima o poi a tensioni più gravi. Se si verifica una comunicazione confusa o maldestra, chiarisci immediatamente la situazione ponendo domande, riformulando le idee dell'altra persona e verificando di aver capito correttamente ciò che è stato detto.

• La terza strategia è quella di praticare la comunicazione assertiva: ciò comporta l'espressione chiara, diretta e rispettosa dei propri pensieri e sentimenti. Questo implica anche il prendere la responsabilità dei propri sentimenti e non incolpare l'altra persona per le proprie emozioni. Utilizzando la comunicazione assertiva, eviterai fraintendimenti e conflitti inutili, mantenendo nel contempo una relazione sana ed equilibrata.

• La quarta strategia consiste nel evitare trigger di conflitto: cerca di riconoscere gli argomenti sensibili che possono scatenare conflitti, come il denaro, la politica o la religione. Se questi argomenti vengono affrontati, cerca di trattarli con rispetto e sforzati di comprendere i punti di vista dell'altra persona, anche se non li condividi.

Infine, ricorda che la comunicazione efficace è un processo continuo: è importante lavorare costantemente sulla propria comunicazione, aprirsi alle idee e alle prospettive dell'altra persona e cercare modi per risolvere i conflitti e i fraintendimenti in modo costruttivo. Facendo ciò, migliorerai la qualità della comunicazione nella tua relazione amorosa, rafforzerai il legame con il tuo partner e manterrai una relazione sana e duratura.

c. I vantaggi di una comunicazione chiara e aperta

Una comunicazione chiara e aperta in una relazione amorosa porta con sé numerosi vantaggi. In primo luogo, rafforza la fiducia e il legame emotivo tra i partner. Quando c'è una comunicazione onesta e trasparente, i partner comprendono molto meglio i bisogni, i sentimenti e i pensieri dell'altro, rafforzando così la loro relazione.

Inoltre, una comunicazione chiara e aperta riduce drasticamente i conflitti e i fraintendimenti. Quando i partner comunicano in modo efficace, esprimono chiaramente le loro preoccupazioni e i loro punti di vista, evitando così fraintendimenti che potrebbero portare a conflitti.

Inoltre, una comunicazione chiara e aperta aiuta i partner a risolvere i problemi e a trovare soluzioni insieme. Quando i partner discutono apertamente dei problemi, lavorano insieme per trovare soluzioni che soddisfano entrambi.

Infine, una comunicazione chiara e aperta migliora la soddisfazione e la qualità della relazione. Quando i partner si sentono ascoltati e compresi, ciò rafforza la loro soddisfazione e il loro impegno nella relazione.

In sintesi, la comunicazione chiara e aperta è essenziale per mantenere una relazione amorosa sana e felice, poiché rafforza la fiducia, riduce i conflitti e i fraintendimenti, aiuta a risolvere i problemi e migliora la soddisfazione complessiva della relazione.

3. Come risolvere i conflitti in modo costruttivo

a. Gli elementi chiave per risolvere i conflitti

I conflitti sono inevitabili in tutte le relazioni, comprese quelle amorose. Tuttavia, è assolutamente possibile risolverli in modo costruttivo per evitare che si trasformino in problemi più gravi.

Il primo passo per risolvere un conflitto in modo costruttivo è riconoscere che c'è un problema. È importante non ignorarlo o minimizzarlo, poiché ciò peggiorerebbe la situazione. Una volta che entrambi i partner hanno identificato il problema, potranno quindi lavorare insieme per risolverlo.

La comunicazione è un elemento chiave nella risoluzione dei conflitti: entrambi i partner devono essere disposti ad ascoltarsi reciprocamente ed esprimere i propri sentimenti e bisogni in modo rispettoso. Ciascuno dovrà dimostrare empatia verso l'altro, cioè riconoscere le sue emozioni e tenerne conto.

È importante concentrarsi sul problema in questione piuttosto che fare accuse o colpevolizzarsi a vicenda. I partner devono lavorare insieme per trovare una soluzione che soddisfi entrambi, rispettando le limitazioni dell'altro e cercando soluzioni che tengano conto dei bisogni di ciascuno.

Infine, sarà necessario impegnarsi a risolvere il conflitto in modo costruttivo e lavorare insieme per evitare che si ripresenti in futuro. Ciò include stabilire limiti chiari, comunicazione aperta e onesta e compromessi quando necessario.

In sintesi, gli elementi chiave per risolvere i conflitti in modo costruttivo sono il riconoscimento del problema, la comunicazione aperta e rispettosa, l'empatia, la focalizzazione sul problema in questione, il rispetto dei limiti dell'altro, la ricerca di soluzioni che soddisfino entrambi e l'impegno a lavorare insieme per evitare che il conflitto si ripresenti.

b. Gli errori comuni nella risoluzione dei conflitti

La risoluzione dei conflitti in una relazione amorosa è essenziale per mantenere una comunicazione aperta e una relazione sana. Tuttavia, è facile cadere in errori comuni che possono compromettere la risoluzione dei conflitti. Ecco alcuni degli errori più comuni da evitare:

• Evitare il conflitto: evitare il conflitto non risolverà il problema e potrebbe addirittura aggravare la situazione. Affrontate il conflitto non appena si presenta per trovare una soluzione rapidamente.

• Evitare la confrontazione: la confrontazione è spesso necessaria per risolvere un conflitto. Evitare la confrontazione prolungherà la disputa e danneggerà la relazione.

• Concentrarsi solo sui fatti: concentrarsi esclusivamente sui fatti e ignorare le emozioni rende le cose peggiori. Le emozioni sono un elemento importante da considerare nella risoluzione dei conflitti.

• Incolpare l'altra persona: incolpare l'altra persona non risolverà il conflitto e spesso lo peggiorerà. Lavorate insieme per trovare una soluzione anziché incolpare l'altro.

• Non ascoltare: ascoltare attivamente l'altra persona è essenziale per risolvere il conflitto. Non ascoltare porta a malintesi e a una comunicazione inefficace.

• Ignorare il problema: ignorare il problema non lo farà scomparire. Ancora una volta, lavorate insieme per trovare una soluzione.

• Utilizzare termini accusatori: utilizzare termini accusatori porterà a malintesi e a una comunicazione inefficace. Utilizzate invece termini neutri per descrivere la situazione e trovare una soluzione.

Evitando questi errori comuni, è più facile risolvere i conflitti in modo costruttivo e mantenere una relazione amorosa sana.

c. Le tecniche per una risoluzione efficace dei conflitti

La risoluzione dei conflitti è un aspetto essenziale di una relazione amorosa sana e duratura. Per risolvere i conflitti in modo costruttivo, ecco alcune tecniche efficaci:

• Ascolto attivo: prenditi il tempo di ascoltare attivamente il tuo partner quando discuti di un conflitto. Fai domande per chiarire il suo punto di vista e assicurati di capire bene la sua posizione prima di esporre la tua.

• Rimanere calmi: evita di perdere la calma o di reagire in modo emotivo durante la discussione. Resta calmo e concentrato per mantenere una comunicazione sana e costruttiva.

• Esprimere i propri sentimenti: utilizza frasi che iniziano con "io" per esprimere i tuoi sentimenti e i tuoi bisogni. Ad esempio, di' "mi sento ferito quando mi critichi" invece di "mi critichi sempre".

• Trovare soluzioni insieme: cerca di trovare soluzioni insieme anziché cercare di vincere un'argomentazione. Sii creativo e pensa fuori dagli schemi per trovare una soluzione che soddisfi entrambi.

• Accettare i propri errori: se hai commesso un errore, riconoscilo e chiedi scusa. Ciò dimostra che sei disposto a prendere la responsabilità delle tue azioni e a lavorare insieme per risolvere il conflitto.

• Prendere una pausa: se la discussione diventa troppo intensa, prenditi una pausa per calmarti e riflettere. Ciò ti permetterà di tornare alla discussione con una mente più chiara e rilassata.

• Trovare un compromesso: se non riesci a trovare una soluzione che soddisfi entrambi, cerca di immaginare un compromesso che vi permetta di lavorare insieme per risolvere il conflitto.

Utilizzando queste tecniche, migliorerai la tua capacità di risolvere i conflitti in modo costruttivo nella tua relazione. Ricorda che la risoluzione dei conflitti non avviene da un giorno all'altro, ma piuttosto lavorando costantemente sulla comunicazione e sulla comprensione reciproca. In ogni caso, ne varrà la pena!

Parte IV

Costruire una relazione amorosa sana e felice

1. Gli elementi chiave di una relazione amorosa sana e felice

a. Fiducia e trasparenza

La fiducia e la trasparenza sono due elementi chiave nella costruzione di una relazione amorosa sana e felice. La fiducia è la base di una relazione, poiché senza di essa, la relazione non può funzionare. La trasparenza è altrettanto fondamentale, poiché consente ai partner di conoscersi veramente e di costruire una relazione autentica.

La fiducia si basa su diversi elementi, tra cui fedeltà, onestà, lealtà, affidabilità e sicurezza. La fedeltà implica rimanere impegnati verso il proprio partner e non avere relazioni sessuali o romantiche con altre persone. L'onestà significa essere trasparenti sui propri sentimenti e azioni e non nascondere o mentire al proprio partner. La lealtà significa essere presenti per il proprio partner e sostenere la sua vita e i suoi progetti. L'affidabilità implica mantenere le promesse e essere presenti quando è necessario. Infine, la sicurezza significa sentirsi al sicuro nella relazione e avere fiducia nel proprio partner.

Anche la trasparenza è fondamentale in una relazione amorosa sana e felice. Questo significa essere aperti riguardo ai propri pensieri, sentimenti e azioni, e non nascondere o mentire al proprio partner. Essere trasparenti è a volte difficile, ma è essenziale per costruire una relazione di fiducia e autenticità. I partner devono sentirsi al sicuro per condividere i propri pensieri e sentimenti senza temere di essere giudicati o respinti.

Per costruire una relazione amorosa sana e felice basata sulla fiducia e la trasparenza, sarà necessario lavorare insieme per sviluppare questi elementi chiave. I partner devono essere onesti sulle proprie aspettative e necessità, e essere disposti ad ascoltare e comprendere quelle del proprio partner. La comunicazione aperta e onesta rimane la base per costruire una relazione solida e autentica.

Infine, è importante impegnarsi a rispettare la fiducia e la trasparenza nella relazione. Ciò significa rispettare la privacy del proprio partner e non indagare nelle sue cose o monitorare i suoi movimenti senza una ragione valida. I partner devono anche impegnarsi ad essere onesti e trasparenti l'uno con l'altro, anche se ciò può essere difficile o doloroso.

Rispettando questi elementi chiave, i partner possono costruire una relazione amorosa sana e felice basata sulla fiducia e la trasparenza.

b. Il rispetto reciproco

Il rispetto reciproco è un altro elemento fondamentale di una relazione amorosa sana e felice. Ciò significa che i partner si trattano reciprocamente con considerazione, dignità e comprensione. Il rispetto reciproco è essenziale per stabilire una base solida in una relazione, poiché consente a entrambi i partner di sentirsi al sicuro e di fidarsi l'uno dell'altro.

Il rispetto reciproco implica anche accettare le differenze e i limiti dell'altro individuo. I partner devono essere in grado di riconoscere e rispettare i bisogni e i desideri dell'altro, anche se non sono sempre d'accordo. Concretamente, ogni persona deve avere il proprio spazio personale, i propri interessi e le proprie opinioni, senza essere giudicata o criticata dall'altro.

La mancanza di rispetto reciproco può portare a problemi nella relazione, come risentimento, rabbia e mancanza di fiducia. Se uno dei partner non rispetta l'altro, ciò può anche portare a comportamenti abusivi o coercitivi.

Ricorda che il rispetto reciproco è una responsabilità condivisa in una relazione. Entrambi i partner devono essere disposti ad ascoltare e comprendere i bisogni dell'altro, rimanendo onesti e rispettosi nelle loro interazioni. Ciò può richiedere un lavoro su se stessi per imparare a riconoscere e superare i pregiudizi e gli stereotipi che possono danneggiare una relazione.

Alla fine, il rispetto reciproco è un elemento chiave di una relazione amorosa sana e felice: consente a entrambi i partner di sentirsi apprezzati, amati e rispettati, contribuendo così a costruire una relazione duratura e appagante.

c. L'impegno e la comunicazione aperta

L'impegno e la comunicazione aperta sono due elementi chiave che contribuiscono a costruire una relazione amorosa sana e felice.

L'impegno implica che entrambi i partner siano disposti a investire nella loro relazione a lungo termine e siano pronti a lavorare insieme per superare gli ostacoli che possono presentarsi. Ciò può manifestarsi in modi diversi, come impegni verbali o gesti simbolici come anelli di fidanzamento o fedi nuziali. L'impegno è fondamentale poiché aiuta a rafforzare la sicurezza emotiva e a costruire la fiducia tra i partner.

Anche la comunicazione aperta è cruciale per mantenere una relazione amorosa sana e felice: i partner devono essere onesti e trasparenti l'uno con l'altro, condividere i propri sentimenti e pensieri in modo chiaro e costruttivo. La comunicazione aperta consente di risolvere rapidamente ed efficacemente i problemi e evita i malintesi, che sono troppo spesso causa di conflitti.

Sottolineiamo qui che la comunicazione aperta non significa necessariamente che i partner debbano essere d'accordo su tutto, ma piuttosto che devono essere in grado di comprendere e rispettare le opinioni e i sentimenti dell'altro. Ciò implica ascoltare l'altro e evitare giudizi o critiche distruttive.

Per migliorare la comunicazione in una relazione amorosa, prendetevi il tempo di parlare regolarmente con il vostro partner, concentratevi su problemi specifici anziché fare accuse generali e siate aperti a compromessi reciproci. L'ascolto attivo, la riformulazione e la chiarificazione dei messaggi sono anche tecniche di comunicazione utili per garantire una comprensione reciproca.

Infine, l'impegno e la comunicazione aperta sono due elementi chiave che consentono di rafforzare la fiducia e la sicurezza emotiva in una relazione amorosa sana e felice. Lavorando insieme per coltivare questi elementi, i partner costruiranno una relazione duratura basata sul rispetto reciproco, l'impegno e la comunicazione onesta e aperta.

2. Come creare un forte legame emotivo

a. La pratica dell'ascolto attivo

L'ascolto attivo, ancora una volta, è uno dei punti centrali per creare un forte legame emotivo in una relazione amorosa sana e felice. Ne abbiamo già parlato, e dovreste ora sapere che si tratta di prestare un'attenzione completa al vostro partner quando state parlando con lui, concentrandovi sulle sue parole, i suoi sentimenti e le sue emozioni.

Per praticare l'ascolto attivo, ricordatevi che dovete innanzitutto impegnarvi ad essere presenti e attenti al vostro partner. Spegnete il vostro telefono cellulare, mettete da parte le distrazioni e concentratevi solo sul vostro partner e su ciò che sta dicendo.

Successivamente, utilizzate tecniche di ascolto attivo come la ripetizione delle frasi chiave del vostro partner per mostrare di capire ciò che sta dicendo, l'uso di domande per approfondire la vostra comprensione e l'espressione della vostra empatia per dimostrare che capite e che siete lì per supportarlo.

L'ascolto attivo aiuta anche ad evitare malintesi e conflitti permettendo al vostro partner di sentirsi ascoltato e capito. Ciò rafforza la fiducia e la comunicazione aperta nella vostra relazione.

Tuttavia, non dimenticate che l'ascolto attivo è una competenza che deve essere esercitata regolarmente per essere efficace. Infatti, dovete essere disposti a mettere in pratica queste tecniche di ascolto attivo ogni volta che discutete con il vostro partner, anche quando siete stanchi, stressati o occupati.

In definitiva, la pratica dell'ascolto attivo vi aiuterà notevolmente a rafforzare il legame emotivo, migliorare la comunicazione e costruire una relazione sana e felice.

b. I momenti di qualità trascorsi insieme

Trascorrere momenti di qualità insieme è un altro elemento chiave per costruire una connessione emotiva forte in una relazione amorosa sana e felice. Questi momenti di qualità sono istanti in cui gli innamorati si concentrano l'uno sull'altro, eliminano tutte le distrazioni e fanno qualcosa che è piacevole per entrambi.

Possono assumere molte forme. Ad esempio, potete pianificare una serata a casa con una cena romantica a lume di candela e un film, o programmare un'attività all'aperto, come un'escursione o una passeggiata in un parco.

Ricordate che non sono solo le attività che fate insieme a contare, ma anche la qualità della presenza emotiva che portate in questi momenti, cioè sarà necessario essere presenti e impegnati nell'istante con il vostro partner, ascoltando attivamente e comunicando in modo aperto e onesto.

I momenti di qualità trascorsi insieme sono un mezzo estremamente potente per rafforzare la connessione emotiva, creando ricordi condivisi e consolidando i legami. Consentono anche di rilassarsi e ricaricarsi, immergendosi nell'istante presente e lasciando da parte preoccupazioni e distrazioni.

Tuttavia, sarà anche necessario trovare un equilibrio tra i momenti di qualità trascorsi insieme e la necessità di tempo e spazio individuali. Ciascuno di voi dovrà assicurarsi di avere abbastanza tempo per dedicarsi ai propri hobby e interessi personali, pur rimanendo impegnato e presente nella relazione.

c. La pratica della gratitudine

La gratitudine è un'altra pratica potente per rafforzare i legami emotivi in una relazione amorosa. Significa prendersi il tempo per riconoscere e apprezzare le qualità positive del proprio partner, nonché le azioni e gli sforzi che compie per voi. La gratitudine è un modo per mostrare apprezzamento e amore per il proprio partner.

La pratica della gratitudine aiuta a migliorare la qualità della relazione aumentando la soddisfazione e la connessione emotiva. Le coppie che praticano regolarmente la gratitudine sono più propense a provare amore e soddisfazione nella loro relazione. Inoltre, questa pratica rafforza la fiducia e la sicurezza emotiva nella relazione. Ci sono molte modalità per praticare la gratitudine: può includere gesti semplici come dire "grazie" per i compiti domestici quotidiani o i piccoli gesti d'affetto, o anche espressioni più profonde di gratitudine per le qualità personali o le esperienze condivise.

Quando pratichi la gratitudine, rimani sempre sincero e autentico. Prenditi il tempo di riflettere su ciò che apprezzi nell'altro e esprimi la tua gratitudine in modo chiaro e diretto. Evita di cadere nella trappola della critica costruttiva, che avrà l'effetto opposto e ferirà sicuramente il tuo partner anziché rafforzare la relazione.

Infine, ricorda che la gratitudine si pratica regolarmente, piuttosto che solo occasionalmente o in situazioni eccezionali. Momenti di gratitudine regolari rafforzeranno la relazione in modo continuo e aiuteranno a creare una connessione emotiva solida e duratura.

3. Come mantenere una relazione amorosa sana e felice

a. Gestione dei conflitti in modo costruttivo

Abbiamo già affrontato questo argomento in precedenza, ma torniamo qui in dettaglio, poiché la gestione costruttiva dei conflitti si rivela vitale per mantenere una relazione amorosa sana e felice. Come abbiamo detto, i conflitti sono inevitabili in ogni relazione, ma il modo in cui vengono gestiti fa tutta la differenza tra una relazione che si rafforza e una che si spezza. Ecco alcune tecniche per gestire i conflitti in modo costruttivo:

• Riconoscere e accettare le differenze: i conflitti sorgono spesso quando i partner hanno opinioni diverse su una determinata questione. Cerca di riconoscere e accettare che le opinioni possono differire e ciò non significa necessariamente che uno dei partner abbia torto. Una volta identificate le differenze, i partner saranno in grado di lavorare insieme per trovare una soluzione che soddisfi entrambi.

• Evitare attacchi personali: quando le emozioni sono intense, è facile rivolgere attacchi personali al proprio partner. Questo non fa che peggiorare la situazione e può causare ferite durature. Invece, concentrati su problemi specifici ed esprimi i tuoi sentimenti in modo costruttivo.

• Ascolto attivo: ascoltare attentamente il proprio partner è cruciale per risolvere i conflitti. Cerca di ascoltare con l'intenzione di capire, piuttosto che ascoltare solo per rispondere. Ascoltando attivamente, i partner possono comprendere meglio i punti di vista dell'altro e trovare soluzioni mutuamente accettabili.

• Cercare soluzioni mutualmente vantaggiose: quando si verifica un conflitto, è importante cercare soluzioni che siano vantaggiose per entrambe le persone. Ricercando soluzioni in cui entrambi vincono, troverete insieme modi per risolvere il conflitto senza compromettere i vostri valori o bisogni.

• Prendersi il tempo per calmarsi: non ha senso cercare di risolvere un conflitto quando le emozioni sono troppo forti. Prendersi il tempo per calmarsi ridurrà lo stress e permetterà di riflettere più chiaramente sulla situazione. Una volta tornata la calma, potrete lavorare insieme in modo più efficace per trovare una soluzione.

In conclusione, la gestione costruttiva dei conflitti è una competenza vitale per mantenere una relazione amorosa sana e felice. Riconoscendo e accettando le differenze, evitando attacchi personali, ascoltando attivamente, cercando soluzioni mutualmente vantaggiose e prendendosi il tempo per calmarsi, la coppia sarà in grado di lavorare insieme per superare le sfide e rafforzare la relazione.

b. Il potenziamento dell'intimità e della sessualità

Come immaginate e probabilmente avete già sperimentato, l'intimità e la sessualità sono elementi centrali per mantenere una relazione amorosa sana e felice. Sebbene questi argomenti possano essere difficili da affrontare, è importante mantenere una comunicazione aperta e onesta all'interno della coppia per garantire la soddisfazione reciproca.

Innanzitutto, comprendete che l'intimità non si limita alla sessualità: può includere momenti di tenerezza, abbracci, massaggi, conversazioni profonde e altre attività che favoriscono la connessione emotiva e fisica.

Per quanto riguarda la sessualità, mostratevi attenti ai bisogni del vostro partner e comunicate i vostri stessi bisogni e desideri in modo rispettoso. La comunicazione è ancora una volta la chiave per evitare malintesi e frustrazioni. Dedicate anche del tempo per scoprire le preferenze sessuali dell'altro e sperimentate insieme per mantenere una relazione sessuale appagante.

Per farlo, potete provare nuove posizioni, nuovi giocattoli sessuali o esplorare fantasie comuni. Ricordate che ognuno ha limiti e preferenze individuali in materia di intimità e sessualità, ed è cruciale rispettare questi limiti e non spingere mai il vostro partner a fare qualcosa con cui non si sente a suo agio.

Infine, non dimenticate di dedicare del tempo di qualità insieme al di fuori della camera da letto. Attività come cene romantiche, serate cinematografiche o viaggi consolidano la connessione emotiva e fisica tra i partner e contribuiscono a mantenere una relazione amorosa sana e felice.

c. La continuità della comunicazione aperta e onesta

La comunicazione aperta e onesta è essenziale per

mantenere una relazione amorosa sana e felice, l'abbiamo ripetuto abbastanza: entrambi i partner devono sentirsi a loro agio nel condividere pensieri, sentimenti e preoccupazioni senza paura di essere giudicati o respinti. La comunicazione aperta e onesta è un processo continuo che deve essere coltivato lungo tutto il corso della relazione.

Ora vediamo come mantenere una comunicazione aperta e onesta. In primo luogo, prendetevi il tempo di discutere regolarmente della relazione. Le coppie devono impegnarsi in conversazioni oneste su ciò che funziona e ciò che non funziona nella loro relazione, nonché sulle loro aspettative reciproche. Devono anche discutere dei loro obiettivi personali e della loro visione a lungo termine per la loro relazione.

Un'altra chiave per mantenere una comunicazione aperta e onesta è imparare ad ascoltare attivamente l'altro. Ciò significa non solo udire le parole dell'altro, ma anche comprendere cosa significano davvero. Le coppie possono praticare l'ascolto attivo ripetendo ciò che l'altro ha detto per assicurarsi di aver capito bene, facendo domande per chiarire le cose e mostrando empatia per ciò che l'altro prova.

È importante essere pronti a dare e ricevere critiche costruttive. Le coppie devono essere in grado di esprimere ciò che pensano senza biasimare o attaccare l'altro. Quando uno dei partner esprime una critica, l'altro deve ascoltare attentamente e considerare il suo punto di vista. Non dimenticate mai di rimanere calmi e di non reagire in modo difensivo o ostile.

Infine, le coppie devono essere disposte a fare compromessi e a trovare soluzioni insieme. È del tutto normale avere disaccordi in una relazione, ma è importante lavorare insieme per trovare una soluzione che sia accettabile per entrambi. Le coppie possono anche considerare di cercare l'aiuto di un consulente per le relazioni per migliorare la loro comunicazione e rafforzare la loro relazione.

Parte V

Andare avanti con l'intelligenza amorosa

1. Come continuare a sviluppare la tua intelligenza amorosa

a. La pratica della consapevolezza nella vita quotidiana

La consapevolezza è una pratica che consiste nell'essere presenti nel momento attuale, prestando particolare attenzione alle sensazioni, alle emozioni e ai pensieri che si manifestano. Può essere molto utile nello sviluppo dell'intelligenza amorosa, poiché ci aiuta a essere più consapevoli delle nostre reazioni e di quelle del nostro partner.

In una relazione amorosa, praticare la consapevolezza nella vita quotidiana, essendo presenti e attenti ad ogni momento trascorso con il nostro partner, può rivelarsi un grande vantaggio. Si tratta di prendersi il tempo per ascoltare veramente la nostra metà e dedicarle tutta la nostra attenzione, essendo presenti fisicamente ed emotivamente quando siamo insieme.

La pratica della consapevolezza aiuta anche a ridurre lo stress e l'ansia, che possono spesso interferire in una relazione amorosa sana e felice. Essere consapevoli delle nostre reazioni emotive ci permette di gestire meglio le emozioni e di evitare comportamenti impulsivi o dannosi.

Inoltre, la consapevolezza ci aiuta a comprendere meglio il nostro stato emotivo e quello del nostro partner. Essendo più consapevoli dei nostri pensieri e delle nostre emozioni, possiamo comprendere meglio quelli del nostro partner e mostrare maggiore empatia nei suoi confronti.

Nella pratica, la consapevolezza si esercita prendendosi regolarmente alcuni minuti per concentrarsi sulla propria respirazione e riconnettersi con il momento presente. Può anche essere utile meditare insieme, partecipare a sessioni di yoga o semplicemente trascorrere del tempo nella natura insieme.

Alla fine, la pratica della consapevolezza consente di sviluppare una relazione amorosa più profonda, autentica e soddisfacente, rafforzando la connessione emotiva tra i partner e migliorando la comunicazione e la comprensione reciproca.

b. L'autovalutazione regolare delle proprie competenze in materia di intelligenza emotiva

L'autovalutazione regolare delle proprie competenze in materia di intelligenza emotiva è essenziale per continuare a svilupparsi come partner amoroso. Questa pratica consiste nel prendersi il tempo di riflettere regolarmente sui propri comportamenti, atteggiamenti e credenze in una relazione amorosa, e valutare se sono positivi o negativi per la relazione.

L'autovalutazione aiuta a identificare abitudini e comportamenti dannosi per la relazione, come la gelosia, l'evitamento dei conflitti o la mancanza di comunicazione. Riconoscendo questi problemi, è possibile lavorare su di sé per migliorarli.

Tuttavia, l'autovalutazione non deve essere utilizzata solo per individuare i punti deboli, ma anche per riconoscere i propri punti di forza e utilizzarli per rafforzare la relazione. Ad esempio, se si tende ad essere particolarmente empatici o premurosi verso il proprio partner, è necessario fare affidamento su questi tratti di personalità per rafforzare il legame emotivo nella relazione.

Inoltre, l'autovalutazione regolare aiuta a identificare i bisogni e i desideri personali nella relazione: ad esempio, se si realizza di avere bisogno di più spazio personale, non esitate a comunicarlo apertamente e onestamente all'altro, al fine di trovare un equilibrio che soddisfi entrambi.

L'autovalutazione può essere effettuata in modi diversi, a seconda delle preferenze individuali. Alcune persone preferiscono tenere un diario in cui scrivono le proprie riflessioni, mentre altre preferiscono discutere dei propri sentimenti con il proprio partner o con un amico di fiducia. In ogni caso, l'autovalutazione deve sempre essere un processo onesto e sincero, senza giudizio o autocritica eccessiva.

In definitiva, l'autovalutazione regolare è una pratica preziosa per continuare a sviluppare la propria intelligenza emotiva e mantenere una relazione sana e felice. Permette di prendere consapevolezza dei propri punti di forza e debolezza, rafforzare i comportamenti positivi e individuare i bisogni personali nella relazione.

c. L'apprendimento continuo delle competenze dell'intelligenza amorosa

Lo sviluppo dell'intelligenza amorosa è un processo continuo che richiede una pratica regolare e un apprendimento continuo delle competenze necessarie per mantenere una relazione amorosa sana e felice. Per migliorare la tua intelligenza amorosa, devi continuare a imparare nuove competenze e tecniche che ti aiutino a comprendere e gestire le tue emozioni, comunicare efficacemente, risolvere i conflitti e mantenere una forte connessione emotiva con il tuo partner.

Esistono numerose risorse disponibili per aiutarti a

sviluppare le tue competenze di intelligenza amorosa, come libri, video, corsi online, workshop, coach di relazioni, gruppi di supporto e terapeuti. Queste risorse possono aiutarti a imparare nuove competenze, ottenere consigli da esperti e connetterti con altre persone che cercano anche di sviluppare la propria intelligenza amorosa.

Inoltre, puoi imparare osservando le relazioni intorno a te, ascoltando le esperienze degli altri e riflettendo sulle tue esperienze passate. L'autoriflessione è una competenza importante nello sviluppo dell'intelligenza amorosa, poiché ti consente di prendere le distanze e analizzare i tuoi pensieri, emozioni e comportamenti per capire meglio le tue motivazioni e prendere decisioni più informate nella tua relazione.

Infine, è importante comprendere che lo sviluppo dell'intelligenza amorosa è un processo continuo e mai concluso. È normale commettere errori e incontrare ostacoli lungo il percorso, ma l'importante è continuare a imparare, crescere e adattarsi ai cambiamenti nella tua relazione e nella tua vita personale. Con un impegno continuo nello sviluppo della tua intelligenza amorosa, manterrai una relazione amorosa sana e felice per tutta la vita.

2. Come applicare le competenze dell'intelligenza amorosa in altri ambiti della vita

a. Relazioni familiari e amiche

Le competenze dell'intelligenza amorosa non si limitano solo alle relazioni amorose, ma possono essere applicate anche alle relazioni familiari e amiche. Infatti, le stesse competenze chiave come la comunicazione efficace, l'empatia, la risoluzione dei conflitti, la fiducia e la trasparenza possono aiutare a mantenere relazioni sane e armoniose anche in questi settori della vita.

Quando si tratta di relazioni familiari, l'applicazione di queste competenze si rivela particolarmente benefica, poiché le relazioni familiari possono a volte essere molto complesse e cariche di emozioni. La comunicazione efficace è cruciale in questo contesto, poiché consente di chiarire i malintesi, ridurre le tensioni e rafforzare i legami familiari. Praticando l'empatia, è possibile comprendere meglio le prospettive e i sentimenti di ciascun membro della famiglia, facilitando così la risoluzione dei conflitti e rafforzando la solidarietà.

Allo stesso modo, nelle amicizie, le competenze

dell'intelligenza amorosa aiutano a stabilire relazioni positive e arricchenti. La comunicazione efficace, la capacità di ascoltare attivamente e comprendere le emozioni dell'altro rafforzano i legami amicali e contribuiscono a costruire una relazione più duratura. Anche la fiducia e la trasparenza sono importanti nelle amicizie, poiché contribuiscono a mantenere relazioni oneste e autentiche.

In sintesi, le competenze dell'intelligenza amorosa possono essere applicate in molteplici ambiti della vita, non solo nelle relazioni amorose. Comprendendo e mettendo in pratica queste competenze chiave, rafforzerai le tue relazioni familiari e amiche, manterrai legami sani e armoniosi e costruirai di fatto una vita appagante e felice.

b. La vita professionale e il lavoro di squadra

L'intelligenza amorosa non si limita solo alle relazioni amorose e familiari, ma può essere applicata anche nella vita professionale e nel lavoro di squadra. Le competenze chiave dell'intelligenza amorosa possono essere utilizzate per stabilire relazioni sane e produttive sul luogo di lavoro, contribuendo così a migliorare la qualità della vita e la soddisfazione professionale.

Una delle competenze chiave dell'intelligenza amorosa che può essere applicata nel contesto professionale è l'empatia. Comprendendo le prospettive e i sentimenti dei colleghi, è possibile comunicare meglio e lavorare più efficacemente in squadra. L'empatia può anche aiutare a risolvere i conflitti in modo costruttivo, migliorando così le relazioni interpersonali e la produttività.

La comunicazione è un'altra competenza chiave dell'intelligenza amorosa che può essere utilizzata nella vita professionale. Una comunicazione aperta e onesta può aiutare a risolvere i problemi in modo efficace e a evitare malintesi. La capacità di ascoltare attivamente e fare domande aperte può anche migliorare la comprensione delle prospettive degli altri e rafforzare la collaborazione.

Un'altra competenza chiave dell'intelligenza amorosa che può essere applicata nella vita professionale è la gestione delle emozioni. La capacità di gestire le proprie emozioni e comprendere quelle degli altri contribuirà a mantenere un ambiente di lavoro positivo e produttivo. Inoltre, la gestione delle emozioni aiuterà a gestire lo stress e risolvere i conflitti in modo efficace.

Infine, la competenza chiave dell'intelligenza amorosa che può essere applicata nella vita professionale è la risoluzione dei problemi. La capacità di identificare i problemi, esplorare opzioni di risoluzione e prendere decisioni efficaci contribuirà a risolvere i problemi in modo efficace e a migliorare la produttività.

In sintesi, l'applicazione delle competenze chiave dell'intelligenza amorosa nella vita professionale può contribuire notevolmente a migliorare le relazioni interpersonali, rafforzare la collaborazione e aumentare la produttività. Lavorando per sviluppare la propria intelligenza amorosa in tutti gli ambiti della vita, migliorerai la tua qualità di vita e la tua soddisfazione personale e professionale.

c. Il rapporto con se stessi e l'autostima

Come abbiamo appena visto, l'intelligenza amorosa non si limita al solo ambito amoroso e può essere applicata in molti altri aspetti della vita. Vedremo qui che essa può essere utilizzata anche nel nostro rapporto con noi stessi. Infatti, l'autostima e il rapporto con se stessi sono componenti essenziali di una vita appagante e felice.

In questo contesto, l'applicazione delle competenze dell'intelligenza amorosa può contribuire a sviluppare un rapporto più positivo con se stessi. In primo luogo, la consapevolezza di sé è un elemento chiave dell'intelligenza amorosa, e ciò si applica anche al rapporto con se stessi. Prendendosi il tempo di conoscersi, comprendere i propri bisogni, valori e limiti, è possibile migliorare il proprio rapporto con se stessi.

Inoltre, l'empatia può essere utilizzata per comprendere le proprie emozioni e quelle degli altri. Essere gentili con se stessi aiuta a riconoscere e gestire le proprie emozioni, migliorando la capacità di affrontare le sfide della vita. La compassione verso se stessi può anche contribuire a rafforzare l'autostima, evitando l'autocritica e accettando gli errori e le debolezze come elementi normali della vita.

Infine, la comunicazione aperta e onesta può essere applicata al rapporto con se stessi, parlando con gentilezza e evitando l'autosabotaggio o pensieri negativi. È importante ascoltare la propria voce interiore e esprimersi con onestà per sviluppare un rapporto di fiducia con se stessi.

In conclusione, l'intelligenza amorosa può essere applicata a molti aspetti della vita, incluso il rapporto con se stessi: utilizzando la consapevolezza di sé, l'empatia, la compassione e la comunicazione aperta e onesta, è possibile rafforzare l'autostima, migliorare il rapporto con se stessi e vivere una vita più appagante e felice.

3. L'intelligenza amorosa per una vita amorosa appagante

a. Riepilogo delle competenze chiave dell'intelligenza amorosa

Per riassumere, l'intelligenza amorosa implica la capacità di comprendere e gestire le proprie emozioni, così come quelle del proprio partner, comunicare in modo chiaro ed efficace, ascoltare attivamente e creare una forte connessione emotiva.

È anche importante saper gestire i conflitti in modo costruttivo, rafforzare l'intimità e la sessualità, mantenere una comunicazione aperta e onesta, praticare la gratitudine e la consapevolezza nella vita quotidiana.

Per continuare a sviluppare la propria intelligenza amorosa, è consigliabile valutarsi regolarmente, imparare continuamente nuove competenze, applicarle in altri ambiti della vita, come le relazioni familiari e amichevoli, la vita professionale e il lavoro di squadra, e il rapporto con se stessi e l'autostima.

In sintesi, l'intelligenza amorosa è un insieme di competenze chiave che possono aiutare a costruire e mantenere una relazione amorosa appagante e sana.

Essere consapevoli di queste competenze e lavorare costantemente per migliorarle consente di costruire una vita amorosa felice e duratura.

b. Les bénéfices dell'intelligenza amorosa per una vita amorosa sana e felice

Sviluppando la tua intelligenza amorosa, ti stai dando i mezzi per migliorare significativamente la tua vita amorosa. Infatti, i benefici dell'intelligenza amorosa sono numerosi e possono essere avvertiti a breve e lungo termine.

Innanzitutto, essendo consapevole delle tue emozioni e sviluppando la capacità di esprimerle, eviterai conflitti inutili nella tua relazione. Ciò ti aiuterà a mantenere una comunicazione aperta e onesta e a rafforzare la fiducia tra te e il tuo partner.

In secondo luogo, sviluppando la tua capacità di comprendere le emozioni del tuo partner, migliorerai la qualità della tua relazione in generale. Sarai in grado di sostenere meglio il tuo partner nei momenti difficili e di apprezzare meglio i momenti felici insieme.

In terzo luogo, rafforzando la tua capacità di creare una connessione emotiva forte con il tuo partner, consolidi l'intimità e la soddisfazione nella tua vita amorosa.

In quarto luogo, sviluppando le tue competenze nella gestione dei conflitti, eviterai che i disaccordi degenerino in situazioni conflittuali che potrebbero danneggiare la tua relazione.

In quinto luogo, imparando a praticare la consapevolezza nella tua vita quotidiana, ridurrai lo stress e l'ansia, aiutandoti a migliorare il tuo benessere emotivo e fisico.

Infine, applicando le competenze dell'intelligenza amorosa in altri settori della tua vita, come le relazioni familiari e amichevoli, la vita professionale e il rapporto con te stesso, migliorerai la qualità di tutte le tue relazioni, nonché la tua autostima e il tuo benessere generale.

In sintesi, l'intelligenza amorosa si rivela essenziale per mantenere una relazione amorosa sana e felice, nonché per migliorare la qualità di tutte le relazioni nella tua vita. Sviluppando queste competenze, ti stai dando i mezzi per vivere una vita amorosa più appagante, soddisfacente e arricchente.

c. L'importanza della pratica continua dell'intelligenza amorosa per mantenere una relazione appagante.

Una delle chiavi per mantenere una relazione amorosa appagante è praticare continuamente le competenze dell'intelligenza amorosa. Ricorda sempre che queste competenze non sono innate, ma devono essere sviluppate e migliorate nel tempo attraverso la pratica.

La pratica continua dell'intelligenza amorosa implica un'attenzione costante a se stessi e al partner. Ciò significa essere presenti nella relazione, comunicare in modo efficace ed onesto, mantenere una connessione emotiva, risolvere i conflitti in modo costruttivo, rafforzare l'intimità e la sessualità e continuare ad imparare e crescere insieme.

La pratica continua dell'intelligenza amorosa include anche attività ed esercizi regolari che aiutano a rafforzare queste competenze. Ad esempio, dedicare del tempo ogni giorno per esprimere gratitudine al proprio partner, scambiarsi complimenti, aprire spazi di dialogo per discutere di argomenti importanti per la relazione o cercare attivamente di comprendere le emozioni e i bisogni dell'altro.

Praticando regolarmente le competenze dell'intelligenza amorosa, garantirai che la tua relazione rimanga sana e appagante. Rimarrai così connesso con te stesso e con i tuoi bisogni, sviluppando una stima di te positiva che ti aiuterà a navigare con successo in tutte le situazioni della tua vita amorosa.

Conclusione

Ecco, sei giunto alla fine del tuo viaggio per diventare un esperto in intelligenza amorosa! Ora sei pronto a conquistare il mondo dell'amore e a costruire relazioni sane e felici. O almeno a provarci, perché, diciamocelo, il mondo dell'amore può essere caotico e a volte non c'è nulla che si possa fare, e non dovresti autoincolparti.

Come abbiamo visto in questo libro, l'intelligenza amorosa è un concetto fondamentale per costruire e mantenere relazioni amorose sane e appaganti. Attraverso le diverse parti, abbiamo esplorato le molteplici dimensioni dell'intelligenza amorosa, come la gestione delle emozioni, la comunicazione efficace, l'empatia e la comprensione dell'altro, così come le competenze legate all'intelligenza emotiva.

Abbiamo discusso anche dei benefici dell'intelligenza amorosa in una relazione amorosa, così come delle ragioni per cui può essere difficile svilupparla. Inoltre, ti abbiamo fornito strategie concrete e tecniche per sviluppare la tua intelligenza amorosa, riconoscere e comprendere le emozioni degli altri, migliorare la comunicazione nella relazione amorosa e risolvere i conflitti in modo costruttivo.

Infine, abbiamo esplorato gli elementi fondamentali per costruire una relazione amorosa sana e felice, come la fiducia, il rispetto reciproco e l'impegno, così come le pratiche per mantenere una connessione emotiva forte.

Questo libro contiene conoscenze preziose e strumenti pratici per sviluppare la tua intelligenza amorosa e costruire una relazione amorosa appagante, quindi non esitare a tornarci per trovare consigli quando ne avrai bisogno.

Ricorda che l'intelligenza amorosa è una competenza che si sviluppa, si affina e si perfeziona con la pratica e l'impegno continuo. È solo continuando ad applicare le competenze dell'intelligenza amorosa in ogni aspetto della tua vita che potrai veramente migliorare il tuo benessere emotivo, rafforzare le tue relazioni con gli altri e raggiungere una vita amorosa sana e felice.

Non scoraggiarti se senti di non farcela subito, ci vuole tempo e richiede un po' di pratica. Ma, con i suggerimenti e le tecniche che abbiamo condiviso in queste pagine, sei sulla strada giusta. L'intelligenza amorosa non si ferma alla fine di questo libro, è un viaggio che dura tutta la vita, e ci sono sempre opportunità per continuare a imparare e crescere.

Quindi non avere paura di mettere in pratica ciò che hai imparato qui, di uscire dalla tua zona di comfort, di provare cose nuove, di metterti in discussione e di investire nella tua relazione. E non dimenticare mai di divertirti! Perché, alla fine, l'amore è prima di tutto un'avventura straordinaria e meravigliosa, tanto appassionante quanto gratificante, un'avventura che merita sicuramente di essere vissuta.

Caro lettore, cara lettrice, cari amici,

Come di consueto, desidero innanzitutto ringraziarvi personalmente per aver letto il mio libro L'INTELLIGENZA AMOROSA: Come sviluppare facilmente una comprensione emotiva e una comunicazione efficace, al fine di costruire una relazione amorosa sana e felice.

Ancora una volta, ho messo tutto il mio cuore e la mia esperienza in questo libro per fornirvi gli strumenti e le conoscenze necessarie, affinché possiate sviluppare la vostra comprensione emotiva e la vostra comunicazione nelle vostre relazioni amorose.

So bene che il percorso per sviluppare l'intelligenza amorosa sembra a volte difficile e pieno di ostacoli. Richiede tempo, pazienza e un impegno reale verso se stessi e verso il proprio partner.

Ma sono convinto che abbiate le capacità per farcela e che riuscirete a creare una relazione amorosa sana e felice.

Per concludere, mi appello a voi con la mia richiesta di gentilezza. Vi prego di dedicare qualche minuto del vostro tempo per lasciare una recensione o semplicemente una valutazione su Amazon riguardo a questo libro.

Mi imbarazza chiedervelo, ma per voi rappresenta uno sforzo minimo e per me conta enormemente: i vostri feedback aiutano a far conoscere il mio libro, che altrimenti rischia di rimanere completamente invisibile tra milioni, e la vostra opinione consente ad altre persone di scoprirlo e trarne beneficio. Conto su di voi!

Vi ringrazio ancora di cuore per il vostro sostegno e la vostra fiducia, che sono veramente inestimabili per me, e vi auguro il meglio nella vostra vita amorosa, sperando che questo libro vi sia utile nel raggiungere tutti i vostri obiettivi.

Non vedo l'ora di ritrovarvi durante la lettura di un altro dei miei libri di sviluppo personale e, nel frattempo, buon viaggio verso una vita di successo!

Con empatia e gratitudine,

Nathan Stone

Del medesimo autore
presso le edizioni BLACK & RED

FARSI RISPETTARE

Impara a imporre i tuoi limiti, a reagire
alle persone dominanti e alla mancanza di rispetto,
e non lasciarti mai più calpestare i piedi!

AUTOSTIMA, FIDUCIA IN SE STESSI

Come coltivare e rafforzare l'autostima e la fiducia in
se stessi ogni giorno, e affermarsi rimanendo fedeli a
se stessi per vivere appieno la propria vita

CONVERSAZIONE E REPLICA

Dominare facilmente l'arte della conversazione
avvincente e i segreti della replica incisiva per brillare
in ogni scambio e reagire in qualsiasi circostanza

SEDURRE L'UOMO DEI TUOI SOGNI

Tutti i segreti per trovare, sedurre
e mantenere l'uomo che fa per te

www.ingramcontent.com/pod-product-compliance
Lightning Source LLC
Chambersburg PA
CBHW050924260726
48660CB00001B/389